春风送暖

陈文彩 著

黄河水利出版社
·郑州·

图书在版编目(CIP)数据

春风送暖/陈文彩著.—郑州:黄河水利出版社,2016.8

ISBN 978-7-5509-1520-6

Ⅰ.①春… Ⅱ.①陈… Ⅲ.①诗集-中国-当代 Ⅳ.①I227

中国版本图书馆 CIP 数据核字(2016)第 194967 号

组稿编辑:王路平 电话:0371-66022212 E-mail:hhslwlp@126.com

出 版 社:黄河水利出版社 网址:www.yrcp.com

地址:河南省郑州市顺河路黄委会综合楼 14 层 邮政编码:450003

发行单位:黄河水利出版社

发行部电话:0371-66026940、66020550、66028024、66022620(传真)

E-mail:hhslcbs@126.com

承印单位:郑州红火蓝焰印刷有限公司

开本:890 mm×1 240 mm 1/32

印张:2.25

字数:60 千字 印数:1—1 000

版次:2016 年 8 月第 1 版 印次:2016 年 8 月第 1 次印刷

定价:10.00 元

前言

这里汇集了我写的五十多首诗，除了第一首，均是我退休以后写成的。

写诗原是我的爱好，可是在职时，由于工作较忙，较难沉下心来干成此事，所以写得很少，收入本诗集中的，只有《造出平湖》一首。退休以后，空闲的时间增多了，客观上给我写诗提供了一个有利条件。我想：何不利用此有利条件，动动脑，练练笔，成就自己的爱好呢？

我们遇上了一个好时代，改革开放以来，我国社会各方面都发生了翻天覆地的变化，到处呈现出一派蓬勃向上的景象。“为有源头活水来”，丰富多彩的现实生活为诗歌创作提供了众多的好题材。在我们的身边，有多少心美之人、感人之事、奇丽之景、改革带来之巨变，百姓的多方面生活值得我们写啊！于是，我在亲人的支持下，先先后后写成了一些诗。

在创作中，我努力求其诗形式多样化。各种形式，都尝试着写写。自由诗写写，带有某些限定的格律诗也写写。就格律诗诗句字数而言，不仅有五言七言的，也有四言六言八言九言的。我想诗形式不应局限于原有的，而应当有所突破，有所创新，为此我试着写写三行一节的格律诗，这类“三行体”的格律诗，有三行字数相同整齐划一的，如五五五言的《外婆与外孙》，六六六言的《神州风尚》，七七七言的《世间有它更美好》；也有字数不一，却遵循一定格式的：如三三七言的《公园里》，八四四言的《游金华九龙》，七五五言的《天下第一潮》。其“八四四”言、“七五五”言的三行体可算是创新尝试吧！

我深知，一个普通的业余写作爱好者，要想写出水平较高的诗歌来，还真不易，自己应该迎难而上。我要求自己不要把诗写成一般的顺口溜，而应有点新意，有点深度，为此，我作了很大的努力。我的不少诗写出后，都要经过三番四复地审视、推敲、修改，才渐趋成熟；有的诗仅靠改动字是解决不了问题的，就另起炉灶，新辟路径，让其以新的面貌展现在眼前。让自己的诗有点新意，有点深度，这个要求要完全做到也很难，有的诗虽经努力，仍不能令人如意，我恳切期望，读者对我的诗作给予指正或提出建议。我的这些诗可算作“诗歌大花园”角落里的无名小花，愿它能为园中增添一丁点儿美色。

最后，我要向一切支持、帮助和鼓励我创作的亲人、亲戚和朋友表示衷心感谢！没有他（她）们的努力成就，我是干不成此事的。

作　者

2016 年 3 月

目录

目录

目录

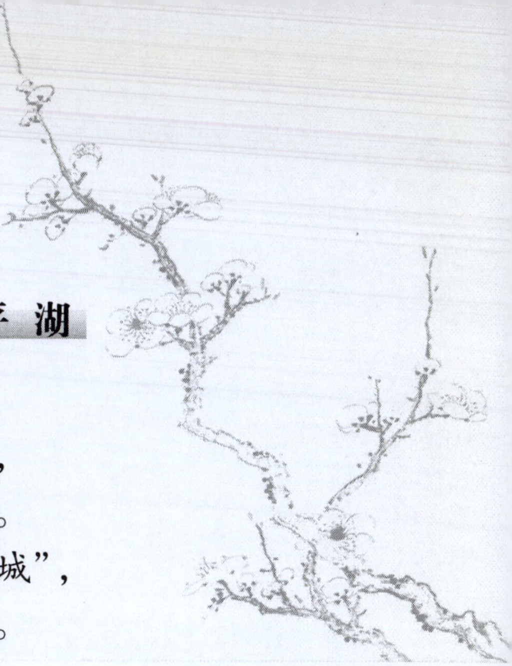

造出平湖

砌石夯土，
截断山谷。
一道“长城”，
狂龙降伏。
涓涓细流，
乖乖入库。
愚公移山，
造出平湖。

（1978）

神州风尚

暴雪漫天卷扬，
山乡一片迷茫，
多处房塌声响。

爱心援资急装，
汽车直奔灾乡，
灾民热泪盈眶。

一方一旦有难，
八方立马支援，
神州大地风尚。

（2006）

汶川地震救援者

汶川地震废墟里，
日夜救援正紧张。
挖机清石“当当”响，
锄刨锨挥似打仗。

全力以赴多救人，
有丝希望就不放。
救出一位幸存者，
欣喜无限眼放光。

（2008）

学生情怀

邀师参加同学会，
礼敬情深驾车接。

促膝谈心似亲人，
忆起往事一件件。

欢聚一堂喜敬师，
掌声如潮鲜花献。

另赠精美之礼品，
留作纪念情无限。

举杯祝福共欢宴，
高潮迭起“闹”翻天。

同游景点赏美景，
喜做一回活神仙。

情如春风拂面过，
温我肌体暖心窝。

敬师情谊谁不夸，
感人至深传佳话。

（2011）

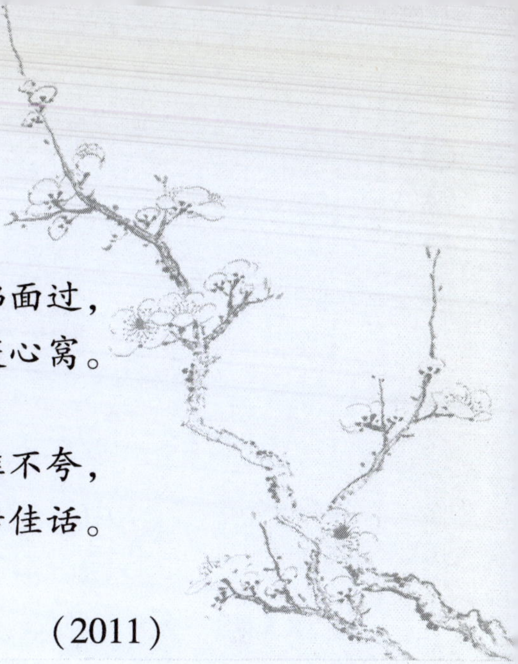

游金华九龙❶

金华九龙群山夹涧，
山险心惊，
涧深胆战。

登上九龙漫步山边，
勾起往事，
桩桩件件。

当年在此削山筑坝，
四处红旗，
人海人山。

没有机器人工当家，
簸箕运土，

❶ 原金华师范毕业的13位永康籍同学，就读期间曾于1958年暑假参加过金华九龙水库工地义务劳动。时隔52年后，大家相约于2011年6月18日重游九龙，特赋此诗以资纪念。

腿跑肩担。

创制“简车”运土提效，
“叽叽”“嘎嘎”，
车跑轮叫。

师生汗珠满地洒落，
车来担往，
人流如潮。

五十二年九龙梦牵，
同窗共游，
终于实现。

一路游览见景生情，
你言我语，
聊个不停。

瞭望水库碧水如镜，
微风轻拂，
波光粼粼。

人列库坝选定背景，
相机一按，
留下合影。

静思往昔审视当年，
今日评论，
感慨万千。

（2011 年 6 月）

“最美司机” 吴斌

“最美司机”，
“平民英雄”，
这一声声对吴斌的赞誉，
飞出杭州城外，
响彻大江南北，
传遍山乡边陲。

吴斌啊，
谁也没有想到，
一块意外飞过来的“铁片”，
竟会成为你的夺命“杀手”，
瞬间而至的致命剧痛啊，
就是铁打的人也难承受。

就在惨剧即将发生的危急关头，

你以
　　惊人的毅力，
　　果敢的壮举，
毅然确保乘客生命安全无忧，
自己却被死神急速带走。

生死关头一英雄，
关键时刻见大爱。
你的感人事迹，
震撼着人们的心灵；
你的高尚美德，
感动了神州大地无数人。

追授你“见义勇为勇士”荣誉称号，
称人心愿，你当之无愧；
追授你“五一劳动奖章”，
顺人心愿，这奖章你配；
评定你为“烈士”，
圆人心愿，此众望所归。

"敬业爱岗，舍己为人"，
此为人们盛赞的"吴斌精神"，
吴斌啊，你的精神，
是多么可贵，多么伟大！
它必将在辽阔的神州大地上，
四处生根、勃发、开花！

（2012 年 6 月）

凡人爱心

（三首）

（一）好一位女高中生

北京受奖刚刚回，
惊闻同窗出“意外”。
不幸患上白血病，
感似晴天突打雷。

大病费用难支撑，
家贫难敌“山”压顶。
为助解难赠奖金，
雪中送炭一片情。

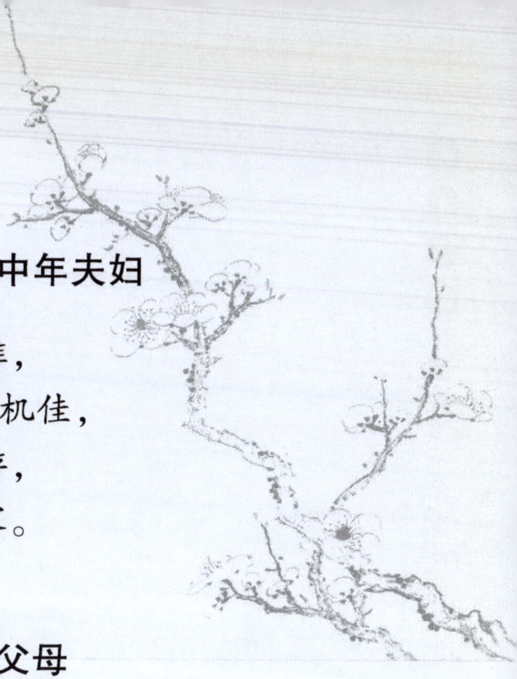

（二）可贵的中年夫妇

平日旅游难，
“国庆”时机佳，
爱心舍旅游，
探望老人家。

（三）为父母

先是送上按摩器，
后增“经络”人模型。
助其养生防“未病”，
心灵闪的是爱心。

（2012）

游天台琼台仙谷

琼台仙谷长，
景美情趣添。

悬崖大石刻，
谷名入眼帘。

谷口一平湖，
碧水映蓝天。

两边树木秀，
沿途空气鲜。

溪里水清澈，
巨石横中间。

谷边山峰奇，
峰名不离“仙”。

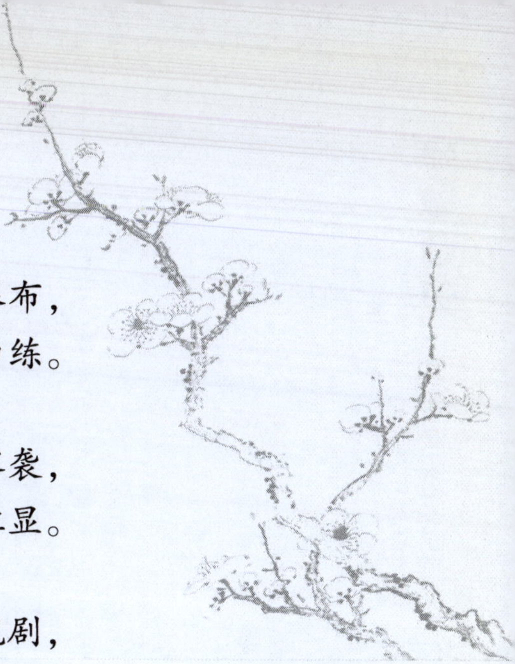

谷底一瀑布，
飞挂似白练。

雨来云雾袭，
放晴彩虹显。

就有电视剧，
拍摄谷里边。

人间有仙境，
眼前尽展现。

（2012）

天台石梁飞瀑

天生石梁卧，
急流梁下过，
飞挂“瀑”壮观，
奇特甲天下。

（2012）

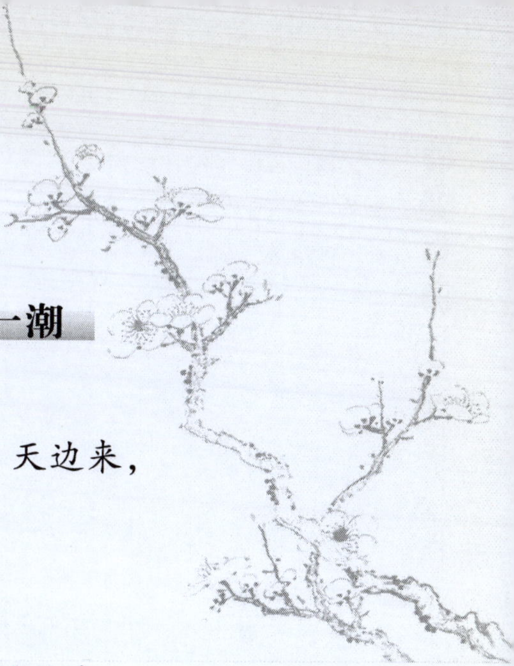

天下第一潮

潮起一“线”天边来，
起始甚温柔，
少女般风采。

“线”渐向我移过来，
凶猛渐增强，
“暴”性终揭开：

潮卷铺天盖地来，
白浪乱翻滚，
涛声如滚雷。

气势磅礴难拦截，
它像万千马，
奔腾直向前。

急速翻卷冲向堤，

堤挡浪滔天，
水花高飞起。

舒卷余潮往回走，
又一波潮来，
两遇又相斗。

相互撞击猛咆哮，
波涛腾空起，
飞沫半天高。

惊心动魄钱江潮，
世上一壮观，
天下第一潮。

（2012）

进金华双龙洞之内洞

石壁下方一洞怪，
有条水流出洞来。

此进内洞倍觉鲜，
竟凭洞口特小船。

船乘两客已满载，
人躺船底放平腿。

船上竟没船老大，
行走自有其办法。

进洞船穿低“隧道”，
鼻与“道”顶近碰到。

途遇新奇你难猜，
感有“压力”频频来。

水声拍耳船缓行，
久行“隧道”方穿尽。

离船上岸灯下见：
洞内是一石世界。

双龙洞名怎么来？
原来出典在里面。

（2012）

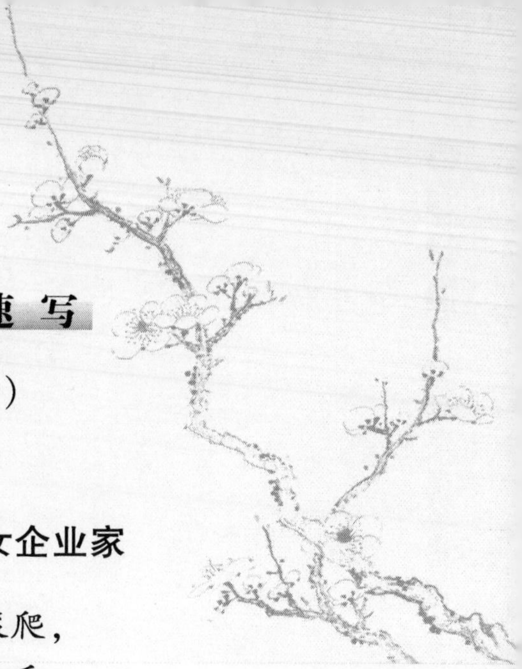

人物速写

（三首）

（一）一位女企业家

商海摸滚爬，
业创翻几番。
商会副会长，
不比须眉差。

（二）一位业余摄影爱好者

到处摄胜景，
少见有闲暇，
一早干啥回？
郊区拍荷花。

（三）聪明的娃娃

好个小哪吒，
聪明令人惊，
年仅三虚岁，
竟知敲“胆经”❶。

（2012）

❶ “胆经”是中医里说的人体众多经络中的一条经络，“敲胆经”是中医用以养生的最简单的方法之一。

智慧如同那白居易

“这绝对是我家的鸭！”
“我才是鸭的真正主人哪！”
“谁的鸭”两家一时争不下，
没有标记啥证据，
难断鸭子该归哪一家！

遇此难题众称头一回，
纵然是虎也难咬刺猬。
就在“山穷水尽”无路时，
争执一方妇女提出了，
人称“绝招”解决妙法来：

“傍晚鸭归家，
谁也不要驱赶它，
任凭它自走，
走进谁家鸭子归谁家！”
归属鸭定，对方同意此办法。

夕阳西坠，
鸭子离溪沿着晨出老路归。
“嘎嘎嘎”叫着，翅膀偶拍拍，
摇摇摆摆走进该妇家里来，
对方无话说，难题巧解开。

此想起唐代诗人白居易，
曾用此法解决两家争母鸡，
当时人们赞夸满乡里。
此位农村之妇女啊，
智慧如同那白居易。

（2012）

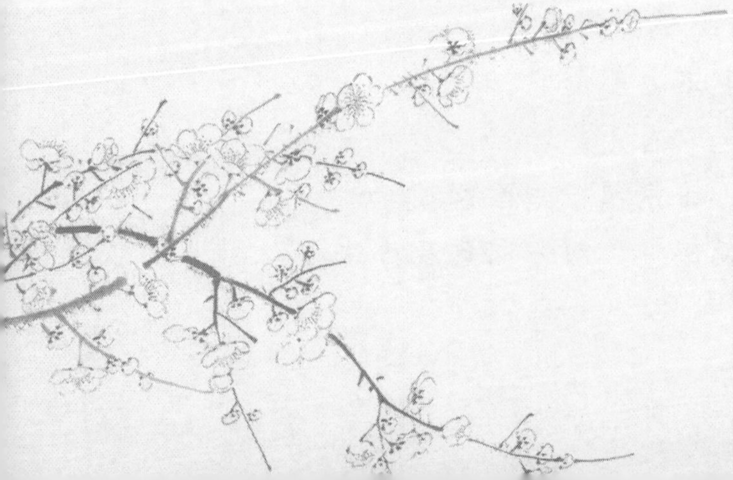

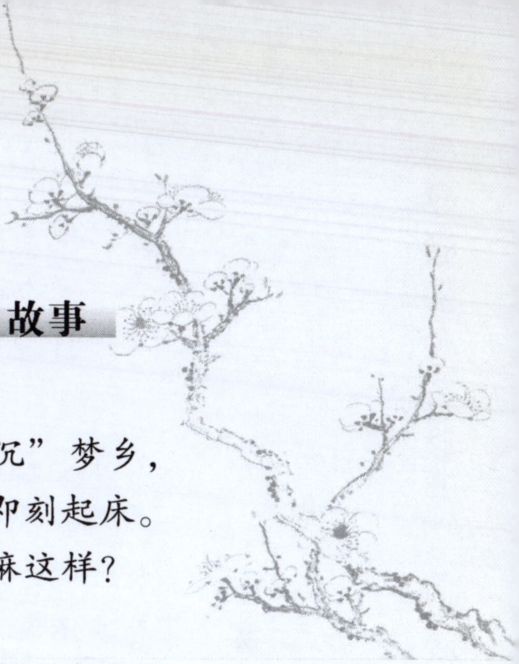

老太太的故事

小孩酣睡还“沉”梦乡，
夫妻俩硬拉他即刻起床。
两口子啊，干嘛这样？
原来是：
急于出门赶至街上卖早点，
把年仅三岁孩子给带上。

做生意哪能还带小孩哩！
此实是两人一着无奈“棋”。
家中无人甭说带，
若雇人带没钱哩。
急得外来打工的小夫妻啊，
像似团团转的热锅中蚂蚁。

租房附近老太太，
爱心感动这对小夫妻：
“信我就把孩子交我带，

出门抱来跟我再睡睡，
醒后我会给他洗脸吃东西，
有我料理只管放心做生意。”

义务照料情同亲奶奶，
不顾劳累领至孩子抱回止。
天天皆如此，
着实不容易。
就像是大旱逢甘霖，
两口子哪有不感激！

他俩热泪盈眶表谢意，
老太太开言敞心扉：
　　“芝麻绿豆事，
　　客气个啥哩，
　　能帮需帮人，
　　乐在我心里。”

（2012）

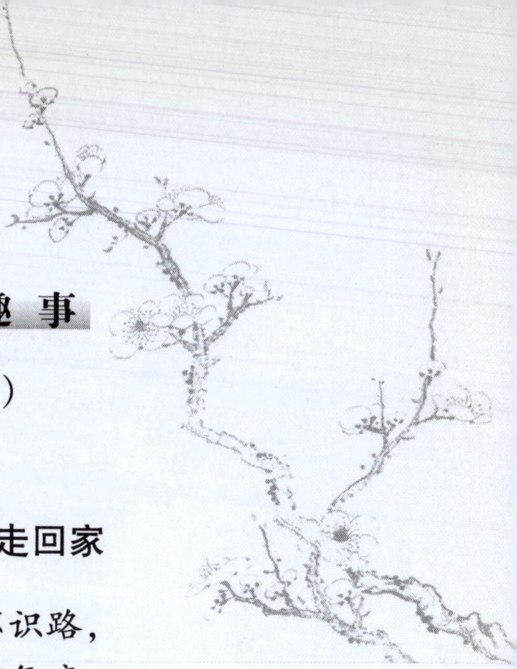

儿童趣事

（三首）

（一）带你走回家

娃幼回家不识路，
言出意外现气度：
“外公你就放心吧，
我会带你走回家。”

（二）是说英语吗？

娃娃听惯普通话，
方言对话听“傻”啦。
急问外公与外婆：
“你们是说英语吗？”

（三）不如外公行

不懂“退休”因娃小，
此娃就是爱动脑：
“爸爸不如外公行，
不上班有工资领。”

（2012）

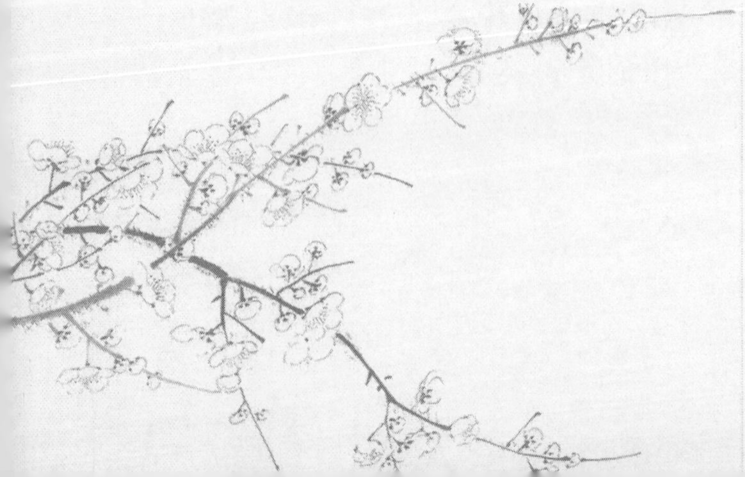

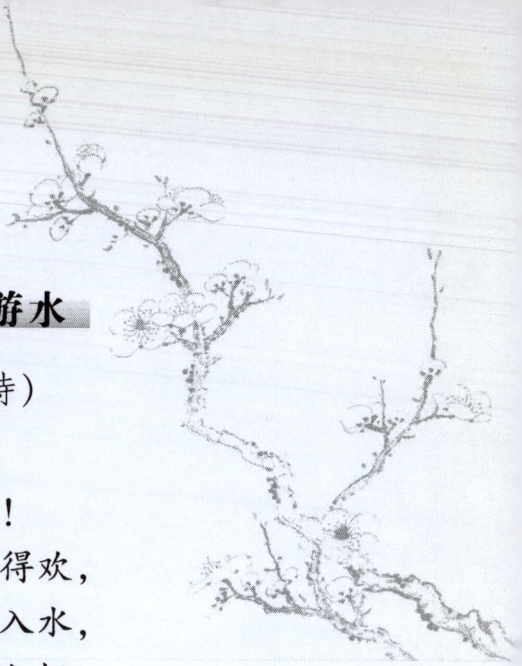

小鸡学游水

（儿童诗）

嘎！嘎！嘎！
鸭拨双掌游得欢，
忽而一头钻入水，
出水头抬颈如帆。

小鸡羡慕起鸭来：
“你看鸭子多自在，
边唱歌儿边戏水，
游水玩意得学会。”

小鸡拜师找到鸭：
“我的鸭子姐姐啊，
你的游水本领大，
你当老师教我吧！”

鸭子听了笑哈哈：
“我的小鸡妹妹啊，
你肯学习我喜欢，
帮你学呀没二话。”

鸭传技术与方法，
展示动作启发她，
叮嘱浅水多练练，
真要学会得靠它。

小鸡学了收获大，
高兴劲儿别提啦，
又是跳来又是喊，
千恩万谢告别鸭。

提起游水要多练，
小鸡心里起“疙瘩”：
“方法知道就会啦，
哪需折腾浅水洼！”

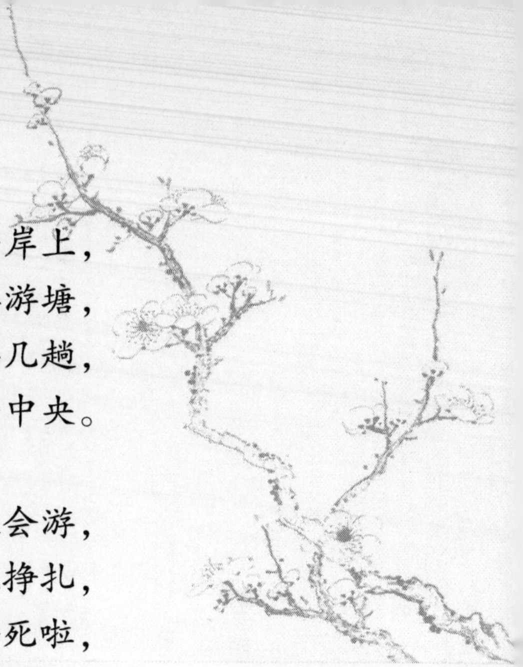

一天来到塘岸上，
欲展本领嬉游塘，
从容不迫游几趟，
想着跳进塘中央。

哪知入水未会游，
瞎拍翅膀乱挣扎，
可怜小鸡淹死啦，
此中有啥启示吗？

谜语式儿歌

（三首）

（一）虾

头上一蓬“葱”，
背弯像张弓，
皮破没有血，
死后全身红。

（二）兔子

红眼珠闪亮，
“白雪”披身上，
尾短耳朵长，
“扑通”“扑通”逛。

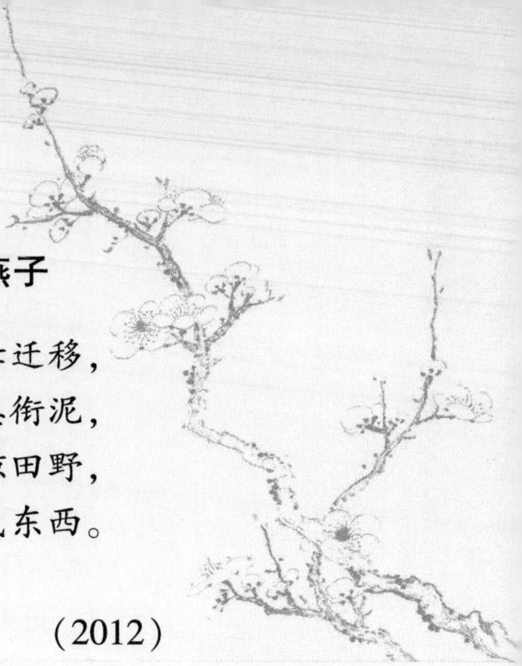

（三）燕子

春北秋南忙迁移，
垒窝安家急衔泥，
尾似剪刀掠田野，
捉虫南北或东西。

（2012）

如此公交车司机

一辆公交车过来，
候车老人把手挥。
无人下车有人上，
可上车应停下来。
一见乘车纯老人，
车子直过近似飞。
见“老”为啥不停车？
“老”享免费无钱来。

（2012）

莫把宝贝丢一旁

中医经络莫小瞧，
祖宗留下之瑰宝。
自行按摩有多好？
不用花费啥钞票，
既方便来又安全，
防病治病有奇效。
选对穴位能坚持，
好多顽疾可治好。
莫把宝贝丢一旁，
光去寻找啥偏方。

（2012）

老人秘诀

说话之声如洪钟，
站立不动挺如松。
行走步健身硬朗，
精神抖擞脑灵光。
此老体健啥秘诀？
坚持打练太极拳。

（2012）

四个“八”

日走八千步，
夜睡八小时，
一天八杯水，
餐餐八分饱。
保健好方法，
简易且有效。
少数特殊病，
喝水调一调。
践行成就你，
活力如虎豹。

（2012）

心态就要好

心胸放开阔，
烦恼便少来。

遇事莫发怒，
坦荡想得开。

开心赶跑“忧”，
张口笑声飞。

知足而常乐，
心中洒光辉。

助人做好事，
欣慰愉悦来。

爱好得其乐，
心花自盛开。

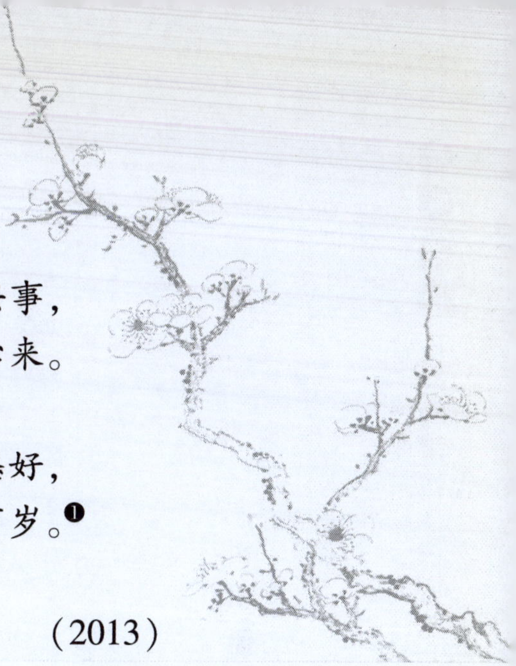

多想高兴事，
温暖入心来。

日日心态好，
活过一百岁。[1]

（2013）

[1] 据 2012 年的《钱江晚报》报道，浙江绍兴的莫鸿鑫一家四人都是寿星，老大莫鸿鑫 102 岁，老二（弟）100 岁，老三（弟）92 岁，老四（妹）89 岁。他们长寿的秘诀就是心态好。看来心态好，确能活过一百岁。

公　园　里

公园里，
洒金光，
四处人动健身忙。

手划弧，
腿慢转，
那边在练太极拳。

这边剑，
空中舞，
一招一式见功夫。

舞扇的，
动作乖，
扇子一展一声“啪”。

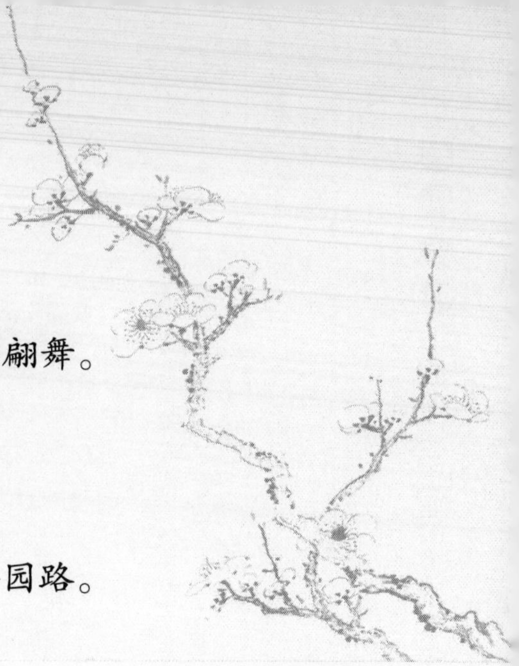

跳舞的，
轻盈步，
鸟儿一般翩翩舞。

练走的，
迈大步，
绕圈沿着公园路。

蓝天下，
绿树旁，
一片祥和之景象。

（2013）

外婆与外孙

一个戏言道：
“你要不听话，
当心给卖掉。”

一个应答妙：
“卖小孩犯罪，
要抓去坐牢。”

孙言外婆惊：
四岁小孩子，
竟有此水平。

（2013）

农村喜有公交车

标有“城乡公交”字样，
喇叭之声清晰鸣响。
原是公交车进山村，
村民雀跃喜气洋洋。

老人凭证免费乘坐，
更是欣慰倍感欢畅。
出行便捷城乡一样，
一举圆了村民梦想。

（2013）

惊　喜

“腰椎间盘突出”症，
不易治愈折磨人。

经络穴位能治疗，
悟出新招显奇效。

一天推拿就三次，
不料五天全然好。

不花分文之钞票，
不用打针和吃药。

惊得我口想喊叫，
喜得我脚直想跳。

中医经络有学问，
研究探索不嫌深。

（2013）

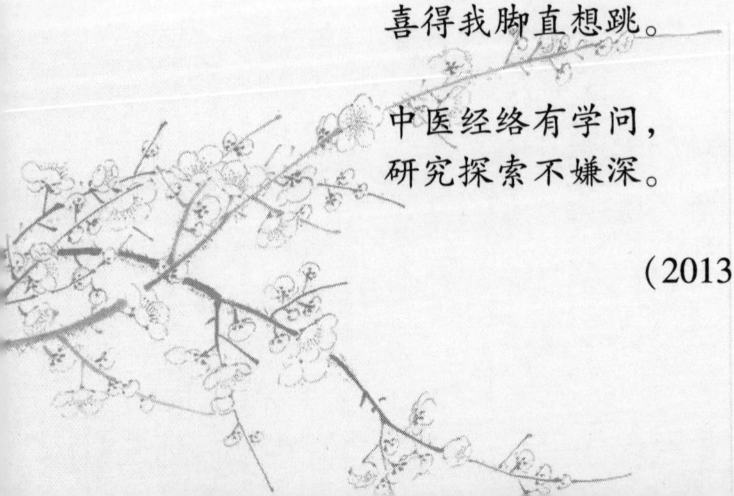

真 情

久在外地刚回家，
烧茶解渴第一活。
不料前脚我进门，
后脚邻居送来茶。
热的凉的全送上，
此刻万物不如它。
小小一事见真情，
邻里关切现爱心。

（2013）

抢救落水少女

江上水急波涛汹涌，
江险让心加剧跳动。
江里千万不能有意外啊，
突然惊现：少女落入江中。

此刻情势万分危急，
警察见此立马跃入江中。
此时偏遇风急浪凶，
见他时隐时现惊险重重。

豁出生命奋勇拼搏，
喜在营救终获成功。
好个见义勇为救人英雄，
上级特给表彰予以记功。

（2013）

晶莹“露珠”

（三首）

（一）多才多艺的小学生

大型书法赛，
全国得银奖；
吹起萨克斯，
曲曲激情扬。

（二）公交车上两老人

一个座位空出来，
两“老”没有抢座位，
“你坐”“您坐”互相让，
文明之花喜盛开。
人人文明多礼让，
友爱温馨自相随。

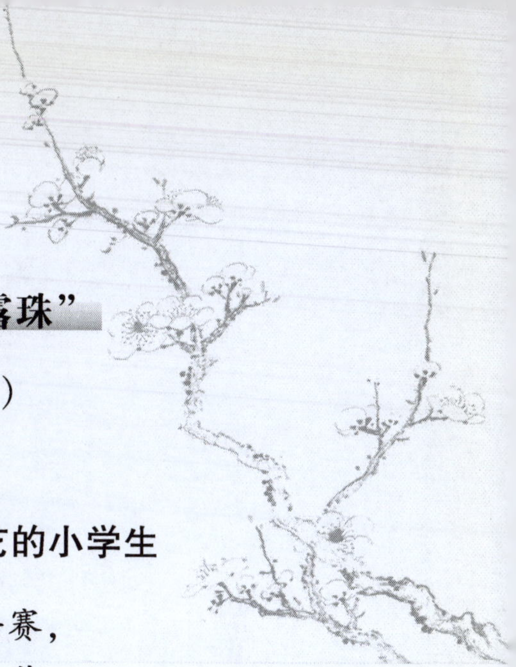

（三）蜜梨之乡—梨农

创一品牌费心机，
汁甜味美皮又细。
梨节八方梨汇聚，
荣获金奖自欣喜。
神似粉红之荷花，
笑展绿色荷塘里。

（2013）

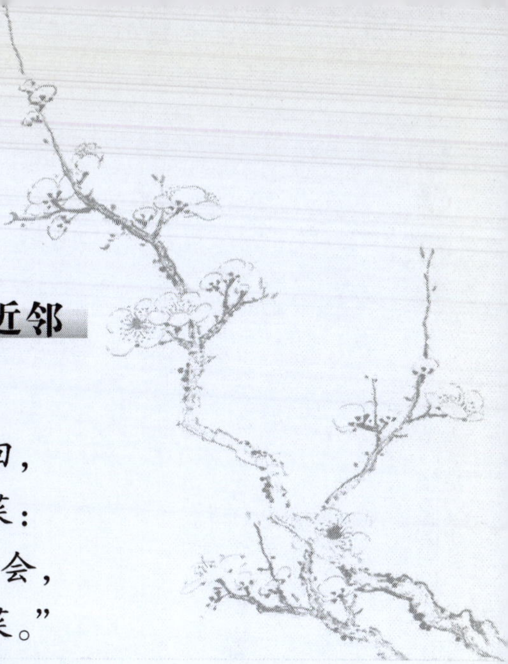

我的好近邻

见我外地回，
立马送来菜：
“到家歇一会，
省得就买菜。”
深情厚谊胜万金，
我的好近邻！

孙子刚学步，
学步车来助：
“我放着没用，
让它再服务。”
深情厚谊胜万金，
我的好近邻！

住院治疗归，
礼物慰问来：
“祝您早康复，

病好健如初。”
深情厚谊胜万金，
我的好近邻！

（2013）

暖进人心房

接到一个意外电话，
养病老太惊喜异常。
难得啊有此好医生，
还把出院病人挂心上：
问这问那了解康复之情况，
温馨提示关照注意之事项。
关爱病人直至此，
老太做梦不会想。

大家知道现在医院好繁忙，
看病人多挤满大厅和走廊。
好个难能可贵之医生，
还给出院在家继续养病者，
打个电话问端详。
电话就像和煦之春风，
暖进人心房，
大爱深情哪个不夸奖！

（2014）

一道亮丽新景

市区里，
一道亮丽新景扑眼帘。

一辆辆，
公共自行车列街道边。

你可见，
众多街道边设放停点。

此惠民，
利于环保出行又方便。

老百姓，
自然欣喜乐在心里边。

（2014）

俩 新 郎

没有感恩，就没有真正的美德。

——卢梭（法国）

两场婚礼俩新郎，
说到“感谢”全两样：
一个满怀激情，
特谢新娘父母和来宾；
一个出人意外，
仅仅感谢自己爹和娘。
“感恩”应是人美德，
可未人人真学会。

（2014）

出行感触

人老出行最怕受“折磨”，
好在一路有人帮助我。

我的行李车子正难拉，
一小伙子忙给拉上坡；

火车站票自然无座位，
有人站起热情邀我坐；

下了火车又逢一姑娘，
抢着给我拉车背包裹。

一路行来一路见深情，
途遇身边雷锋还真多。

（2014）

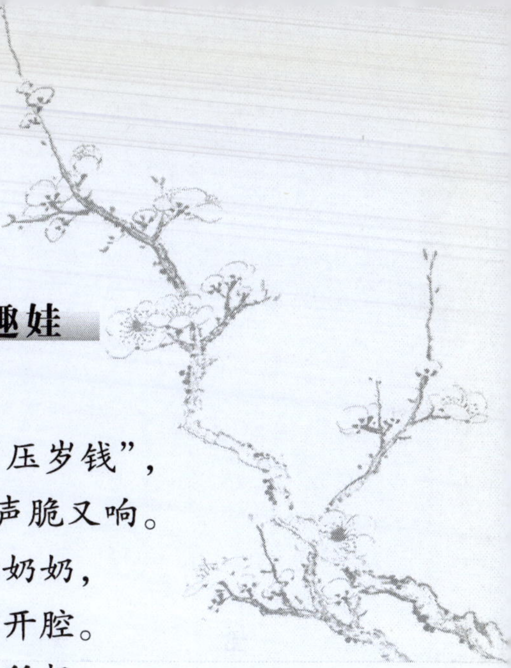

好个有趣娃

爷爷喜发孙子“压岁钱”，
“谢谢爷爷”童声脆又响。
爸妈让其另再谢奶奶，
静等开口娃却不开腔。
有趣娃啊自有他所想：
奶奶“没给”谢她不用讲。
娃娃纯真着实惹人爱，
从小注重思考利成长。

（2014）

“绿”城

小区之中，
绿映眼中。

岸隐林中，
绿现水中。

公园之中，
绿染路中。

城在林中，
车行绿中。

（2015）

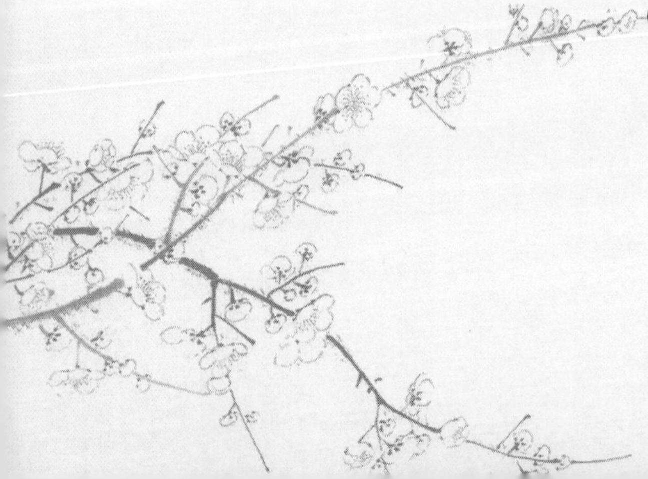

一次集体垂钓活动

山间水库绿树环抱，
白色水汽水面浮飘。
众多鱼竿岸边垂钓，
冬日之下眼盯“鱼漂”。

鱼“突”上钩急速飞跑，
拖弯钓竿窜游没了。
“捞兜”助抓鱼擒难逃，
嘴频张合不时乱跳。

水桶鱼入你挤我游，
鲫鱼、白鲢、青鱼均有。
时有所获喜上心头，
欢声笑语回荡四周。

（2015）

世间有它更美好

干完农活过小渠，
即以渠水给洗洗，
除去套鞋手上泥。

埠头突现一毛巾，
有人特放供人洗，
心灵之美人赞记。

类此小事莫小瞧，
暗做好事便他人，
世间有它更美好。

（2015）

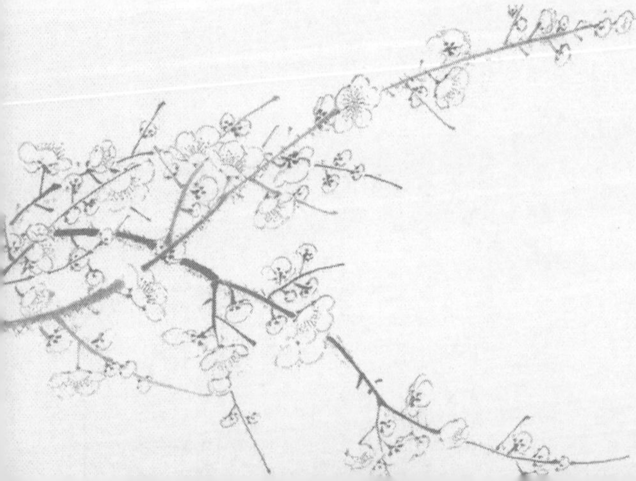

鼓　浪　屿

游人似潮涌动不退，
上上下下左去右来。

悠闲慢步柔软沙滩，
尽情眺望无边大海。

古朴民居别致可爱，
墙均砖建无一例外。

外国领事馆区全在，
尽见各国建筑风采。

榕树树枝生根入地，
此树之怪众叹“神奇”。

桂圆树绿充满生机，
主干粗大枝叶繁密。

尽赏美景心旷神怡，
笑语欢声此伏彼起。

（2016）

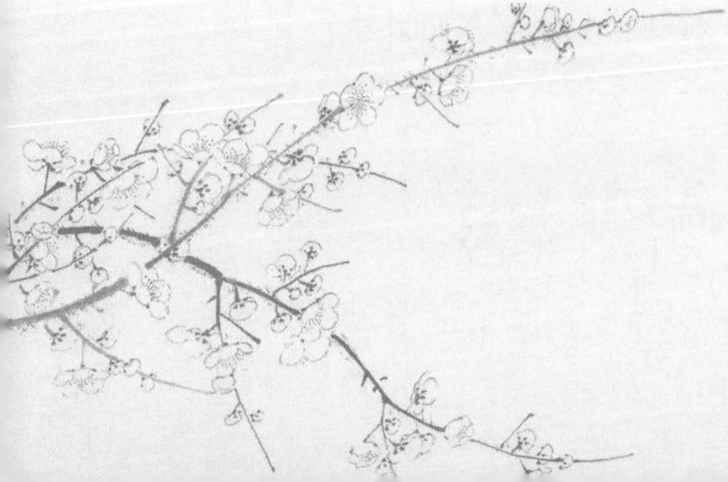

金华奇洞——冰壶洞

洞壁吐水，
竟成瀑布。
“轰轰”之声，
似雷光顾。
水滴溅飞，
袭人衣裤。
水至洞底，
潜流别处。

（2016）

永康之长城

立于山头雄伟无比，
像一长龙条石筑砌，
曲直依山高中有低，
石阶级级其边树密。

烽火台高巍然耸立，
人站其上景收眼底：
俯视见村井然有序，
远看群山满眼皆绿。

游人蠕动长城之上，
细察景观手机摄像，
磅礴气势无不赞叹，
人自蜂拥争相游览。

（2016）

兰溪地下长河

神秘长河山内藏，
天然“杰作”人争看，
此河可容小船入，
游客乘坐可观赏。

路灯闪闪河照亮，
河水缓缓直流淌，
两边石壁闪眼过，
河上隧道似长廊。

小船不断在前进，
见河源头方游尽，
大自然啊好神奇，
创出特有之妙境。

（2016）